El refugio de las mujeres tristes

El refugio de las mujeres tristes

Carla Martínez

TEXTOS
Carla Martínez

PORTADA
Lily Vainylla (@lilyvainylla_)

MAQUETACIÓN
Andrea Gómez Expósito

NÚMERO DE EDICIÓN
Primera

EDICIÓN
Postdata Ediciones

ISBN
978-84-19411-90-7

DEPÓSITO LEGAL
V-4089-2024

Mamá siempre decía que las personas se preocupaban demasiado por sus hijos. Sufrir cuando uno es joven es bueno, aseguraba. Le inmunizaba a uno el cuerpo y el alma, por eso ella nos ignoraba cuando llorábamos. Lo único que se consigue al mimar a los niños que lloran es animarlos a hacerlo, nos decía. Eso es refuerzo positivo del comportamiento negativo.

JEANNETTE WALLS
EL CASTILLO DE CRISTAL

A mamá, porque aquella vez que me caí no me dolió, pero el resto sí.

En esta noche de luna llena, cuando los fantasmas salen de sus cuevas y los espíritus se dejan ver entre las montañas,

dejo atrás esta vida que nunca fue mía.

Solo retazos de los sueños que quedaron de un árbol genealógico,

que aunque, venido a menos,

perdura.

En las raíces de esta tierra, en las nubes, que nos recuerdan la temporalidad de esta vida terrenal.

Todos ellos siguen aquí.

Y es en noches como ésta,

que se dejan ver y me acompañan,

haciendo que este silencio retumbe y se haga ensordecedor.

En este último baile, entre mis lágrimas y sus sombras, me despido de ellos

y de mí.

De la versión de mí que se desvaneció con su último suspiro,

y en su honor,

La mecha de esta vela prenderá el licor de esta copa, que escuece el alma, como si de una herida abierta se tratase.

Y con las llamas, este refugio acabará convertido en ceniza.

Para que, por fin, la maldición de las mujeres tristes,

termine por incendiarse conmigo.

Lo que quedó de mí

Es triste pensar que todo lo que queda de aquel libro que coge
polvo en la estantería,
es una lluvia incesante que amortigua mis llantos
y unas cortinas verdes que cuelgan mal encajadas,
en aquel satélite al que nunca nadie volvió a ir.

Porque acercarse quemaba, porque significaba estar cerca de
él.
Y eso dolía.
      Duele.
Quizás lo más inteligente hubiera sido vender todo lo que
construimos juntos,
no tener nada que nos uniera,
pero solo éramos críos.

Y de todo aquello,
solo quedó un cementerio de escombros
que lleva nuestros nombres,
el único lugar en el que volverán a oírse juntos
y en el que nuestras almas,
                  pasajeras en la eternidad del tiempo,
se encuentran y se olvidan de que,
tú eres tú.
      Y yo soy yo.
         Y que tú y yo,
Ya nunca volverá a ser.

Resignación

El último giro del muelle fue el epitafio de mi final allí.
Destrozó todo lo que podría soñar con albergar,
       consiguiendo así,
que solo lo recuerde en las noches de lluvia gris.

Volar del nido

Desde aquel instante,
todo parecía una constante despedida.
Un hilo agonizante de segundos,
que el tiempo me brindaba
para que respirara
mientras aguardaba el momento.

Ese, en el que yo me diera cuenta,
de que ya me tocaba coger las cosas

                                    y marchar.

Que aquel no era mi sitio,
que quizás yo no tenga ninguno.
Mientras me despido
con gracia y con tristeza,
dejando atrás el hilo conector de lo que fue mi vida.

Esa que acabé por deshacer
para huir e intentar,
en el desespero incesante de mi destino,

                                      ser feliz.

Ese amor era mío

El incesante ruido que nos acompañó en este largo viaje
lo callaste cuando afirmaste, seguro,
que yo no te quería,
                              que yo no sabía quererte.

Mientras mis incontrolables llantos,
te hacían los coros y, poco a poco,
tus palabras calaban en mí,
hasta hacerlas mías propias.

Yo te quise querer,
porque a mí me enseñaron a querer,
aunque a veces haya sido mal,
o a destiempo.

Pero nunca he parado de querer,
porque no importa lo que te dan,
importa lo que tú das.

Porque amar
                        es dar,
y lo que das
                          jamás te lo podrán quitar.

Tic Tac

Espero que alguna vez nos podamos perdonar
el no haber sabido querernos
cuando era el momento y el lugar.

Porque tú y yo,
                              nos hemos querido tanto,
y tan a destiempo,
que el reloj de la pared
dejó de contar los minutos
porque sabía que tú y yo,
                              obedecíamos a un distinto movimiento.

Veintidós

Lo mucho que te quise,
      lo mucho que te quiero,
quedará por siempre en el mundo de los recuerdos.

Aquel al que nunca quisiste acercarte
por miedo a quemarte,
haciendo que poco a poco,
con el paso de los años,
acabase por congelarme.

Hasta perder cualquier signo que pudiera indicar
que en aquel lugar
quedaba algo de vida por vivir.
        Algo de vida por disfrutar,
            algo de vida.

          O algo.

Tú, yo o tú o yo

Finalmente, acabé por romper la caja fuerte,
esa en la que años atrás deposité todos mis enseres
y, al abrirla, no encontré nada.

Solo telarañas de sueños que acabaron
por disiparse con el polvo.
Terminaron por abandonarme, al igual que yo a ellos
en aquella vida anterior,
cuando los dejé a todos de lado.
Por ti, por los tuyos
por los míos,
pensando que eran los nuestros.

Y ahora, ya no hay nada,
　　　　nada de lo que un día fue,
　　　　　　nada de lo que pudo haber sido,
　　　　　　　　nada de lo que (nos) quisimos.

No fue culpa tuya

Es muy duro irse,
pero lo es más
cuando te vas sola.

Y tú,
otra vez,
antepusiste el dolor ajeno,
al tuyo.

Incluso moribunda.
Sabías que tu dolor,
no era comparable al mío,
viéndote disiparte
y sin poder frenarte.
Sumándole el dolor que te generaría a ti,
el verme sufrir
y no poder hacerlo remitir.

Porque tú siempre supiste hacer
que las heridas dejaran de doler,
sangrar
y en tu mayor acto de amor y de dolor,
te fuiste,
en silencio,
sufriendo
y sola.

Con una elegancia que muy pocos podrán atisbar
porque hay que ser muy mujer para irse sin hacer ruido,
a la vez que dejas todo dicho.

¿Y qué pasa si...?

Una vez llegado el final
no queda otra que preguntarse
¿dónde queda el amor que no se da?
En qué se transforma todo lo que pudo ser
y no será.

Como mirarse en el espejo,
sin dudar,
y pensar que todo estará bien,
cuando claramente, ahora,
no lo está.

El silencio

Sin ruido,
lentamente te fuiste apagando
y alejando.
No atreviéndote a dar el portazo.
Sin querer avisar,
pero dejando un rastro.

"No te vas a ir" dices,
mientras sujetas la puerta con la mano.

La plaza de las brujas

La muerte me persigue,
siempre queriendo saldar mis cuentas,
mientras yo juego mis cartas,
y me doy cuenta que no soy yo a la que busca.

Mi condena no es conmigo,
es con el resto
y mi penitencia es
vivir con el vacío de la ausencia
que me deja
cuando se los lleva a todos consigo.

El fin

No queda nada,
solo una habitación soleada
que se muere de frío.

No queda nada,
solo una caja medio vacía
esperando un destino.

No queda nada,
solo una niña
esperando el futuro que le fue prometido.

Familia

Nunca os he dedicado las rimas que os merecéis,
por haber estado,
por haber escuchado.

Porque vosotras habéis educado
a la niña que nunca me dejaron ser
y le habéis dado un espacio,
para que crezca,
para que exista.

Claudia y Madu,
gracias por haber entendido mi compleja contrariedad.
Y al resto de vosotros,
que también habéis estado
y que sois tantos.

Os quiero.

Por haber sabido verme,
entenderme
y por haberme dejado todos los años de una vida
para aprender a querer,
siempre mucho
y siempre bien.

Bancarrota

Gracias por darme una familia,
aunque no fuera la mía,
aunque tenga demasiadas deudas encima
como para poder quedarme.

Cómo te iba a poder querer,
cómo iba a poder estar,
cuando solo me han enseñado a correr.
A huir del calor de un hogar,
un calor que te estruja,
y te acaba por ahogar.

Aunque ese nido
no haya sido el mío,
quiero que sepas
que ha sido el único lugar
donde mis alas han podido descansar
sin tener miedo a lo que pudiera pasar.

Contigo y el silencio

Yo por quererte entregué
mis ideas más brillantes,
consiguiendo así
que tú te ahogues en el vacío
dejado por su ausencia,
mientras yo ensordezco
con el ruido incesante de tu mirada,
que espera alerta
para que yo, por fin,

la entienda.

Amigo imaginario

El juego de ser mayores
se nos quedó pequeño.
Y mientras, tú y yo,
moribundos en el suelo del salón.
A la vez que nuestra vida
arde a fuego lento
y con su brillo incandescente
se despide de nosotros,
sabiendo que nunca jamás
conseguiremos volver a arder.

Porque nos convertiremos en ceniza,
esa que calentará las brasas de tu futuro,
el que te mereces,
el que yo no te puedo dar.

Infancia

El enfado,
la rabia
terminaron por comerme por dentro,
hasta que no dejaron ni mis huesos.
Cómo querer,
       cómo tener.
Era imposible un futuro en el abismo de mi piel.

Cada reproche no era más que un llanto
al cielo de media noche,
quizás esperando,
quizás suplicando:
volver atrás.

Que me dieran lo que fue mío,
lo que me quitaron.
Una oportunidad para estar,
estar en cada momento y en cada lugar,
sin necesidad de organizar,
sin miedo a lo que pudiera pasar.

Pero nunca lo hicieron,
no importa súplica ni perdón,
nunca me lo devolvieron,
porque nunca fue mío,
porque no me lo permitieron.

Ave rapaz

No sé si algún día podré volver a dejar de volar,
pero si el destino no lo quiere,
quiero que sepas,
que ahí arriba hay un ave rapaz hambrienta
que te sobrevuela,
nunca lo suficientemente cerca,
nunca extremadamente lejos.
Pero siempre al acecho.

Porque aunque no pueda dejar de volar,
te querré siempre desde la soledad del cielo,
anhelando esa vida que me fue prometida,
contigo,
                juntos.

No sé si algún día podré dejar de volar,
pero si no nos volvemos a encontrar,
espero que mires al cielo,
y sepas que con el baile del viento
yo te observo,
te celebro,
                hasta el final de los tiempos.

Mamá

Ella siempre llora.
Los ojitos se le nublan,
pero me abraza.

Sueña que seré algo grande,
y yo, que ella estará ahí,
para celebrarme,
aun sin razón,
pues nada ha sido merito mío.
Porque sin ella,
nada nunca habría conseguido.

Cada año, cada paso,
es un momento más,
junto a ella.

Y yo la quiero,
ella lo sabe.
            Eso espero.
Se lo repito a diario;
que no se le olvide:
que de aquí,
de los que quedan,
de los que estuvieron,
fueron y ahora somos,
solo ella,
mereció la pena.

Después del adiós

Las dudas que afloran tras el adiós,
lo que fue, lo que será,
        lo que soy.
Quién era antes de ti, *amor,*
En quién me convertiré ahora que no te tengo.

¿Volveré, quizás, a encontrarte?
En otra vida,
en otro cuerpo.

O tal vez solo deba darme cuenta
que tú, amor,
resides en mí,
que tú eres yo,
que nunca te fuiste,
que siempre estuviste.

26 de noviembre

Irse fue su manera de recordarme
que yo no estaba muerta,
que todavía podía.
Que aquello no lo valía,
que debía darme tiempo.

Despedirse de por vida
fue su manera de decir
que pelease por ser una niña,
algo que nunca pude ser,
algo que nunca nadie a logrado concebir.
Que yo no fuese un complicado engranaje
que, pase lo que pase,
siempre sigue girando.

Gracias a su partida
he logrado rescatar parte de la inocencia
que me fue robada,
para por fin dejarla existir,
correr, vivir.

Gracias, mamá,
porque aunque aquella vez que me caí no me dolió,
estas heridas aprendieron a cerrarse solas,
en base a las caídas que sí.

Las que tú no viste,
las que propiciaste,
las que con tu partida,

cerraste.

Mar de lágrimas

El vacío intrínseco de mi memoria
ha acabado por dejar espacio.
Espacio a la duda,
espacio a la posibilidad.
¿Podría ser que ese vacío nunca existiese?
¿Cabría en mí la idea de no estar vacía?

Todos estos años,
de flagelacion continuada,
por ser,
por intentar llegar.
¿A dónde?
          A nada.
Solo para acabar descubriendo que,
yo siempre fui yo,
aunque a veces detestara serlo.

Que siempre tuve mis letras,
mis rimas y mis acentos mal puestos.
Que todo eso,
nunca fue de ellos.
          Yo no fui de ellos.

Que solo le debía palabra a la tinta
que juguetea con las ideas de mi cabeza.
Esas que tanto aborrecí,
esas que tanto ansiaron por conseguir,
por destruir.

Nunca nadie pudo acurrucarse a ese nido de ideas afiladas
y salir ileso.

De este barco de historias mal engranadas,
nadie nunca sobrevivió al naufragio,
todos acabaron por ahogarse en el mar de lágrimas
resumido en tinta que aquí os muestro.

Tinta que lloré,
tinta que me hicieron llorar,
tinta que los terminó por matar.

Fumar mata

Ni tú ni yo hubiéramos sobrevivido otro solsticio,
alimentándonos de la luz
el uno del otro.
Hasta acabar por apagarnos por completo.

Porque nunca debió ser así,
porque nunca debió ocurrir.
Nunca tendré suficiente vida para pedirte disculpas,
nunca tendrás suficiente valor para decirme la verdad.

Y, con el último cigarro compartido,
quemamos el hogar de papel que construimos.

Mientras lo vemos arder
siento que somos capaz de vernos por primera vez
y darnos cuenta,
de que el incendio de lo que pudo haber sido
es el final más apropiado para esta historia.

No dejar restos de tabaco por los que retroceder,
porque al volver no habrá nada,
porque seguramente nunca lo hubo,
porque al final,
                    fumar mata.

Ella se ahogó en la profundidad de un vaso,
Él desapareció, como el brillo incandescente de una colilla
apagándose.

Mientras, mi corazón intermitente,
les hacía de faro,
       esperando,
            suplicando,
                  que volvieran.

Que supieran que alguien les estaba esperando.

Pero no funcionó,
       no sirvió de nada.

Finalmente solo quedé yo,
       en este refugio entre los cuervos y las nubes.

            Espero que allá donde estén,
sepan que,

            mi dolor les amará para siempre.